Toda clase de bebés

Por MILLICENT E. SELSAM

Ilustrado por SYMEON SHIMIN

Traducido por Clara Isabel de Kohen

SCHOLASTIC INC.
New York Toronto London Auckland Sydney

ISBN 0-590-31214-6

12 11 10 9 8 7 6 5 4 3 2 1   6 7 8 9/8 01 2/9

Printed in the U.S.A.   08

Toda clase de bebés

En este mismo minuto y durante cada minuto de cada día, nacen toda clase de bebés: Bebés cangrejos, bebés pececitos, bebés insectos, bebés elefantes, bebés humanos y muchas, muchas otras clases de bebés.

Algunas clases de bebés comienzan su vida pareciéndose a sus papás.
Puedes adivinar que esta suave bola de pelusa llegará a ser...

un gato adulto.

No puedes equivocarte
con una serpiente bebé.

Crece y crece. La pequeña serpiente crece hasta convertirse en...

una serpiente adulta.

A medida que este bebé crece,
crece su pescuezo
y su cuerpo se pone más grande.
Se convertirá en...

una jirafa adulta.

Este bebé tiene dos gibas pequeñas que crecerán
hasta convertirse en dos jorobas grandes. Cuando crezca será:

un camello gruñón.

Cuando nace este bebé, tiene piel, dientes y espinas.
Tú sabes que es...

un puerco espín.

Algún día, este bebé
se mecerá de árbol en árbol
como su mamá
y su papá chimpancé.

Hay muchos bebés que se parecen a sus papás, pero...
hay algunos que no se parecen en nada a sus papás—
ni siquiera un poquito.

Esta clase de bebé tiene una cola que se menea y no tiene patas.

Vive en el agua y nada todo el día. A medida que crece,
va cambiando. Su cola desaparece lentamente.

Le crecen cuatro patas.

Ahora puede dar saltitos en tierra, o nadar,
o sentarse sobre un colchoncito de lirios y croar
como cualquier rana adulta.

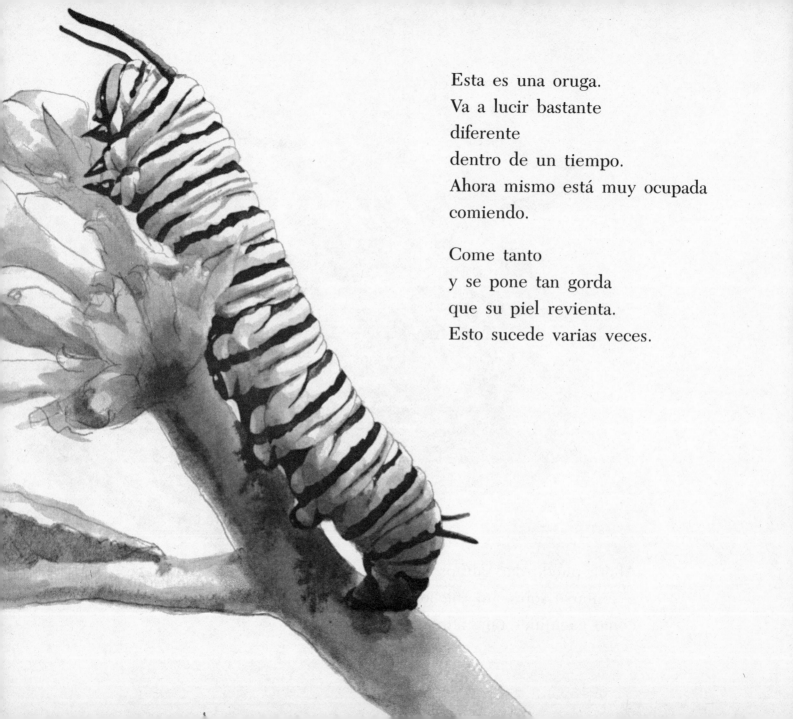

Esta es una oruga.
Va a lucir bastante
diferente
dentro de un tiempo.
Ahora mismo está muy ocupada
comiendo.

Come tanto
y se pone tan gorda
que su piel revienta.
Esto sucede varias veces.

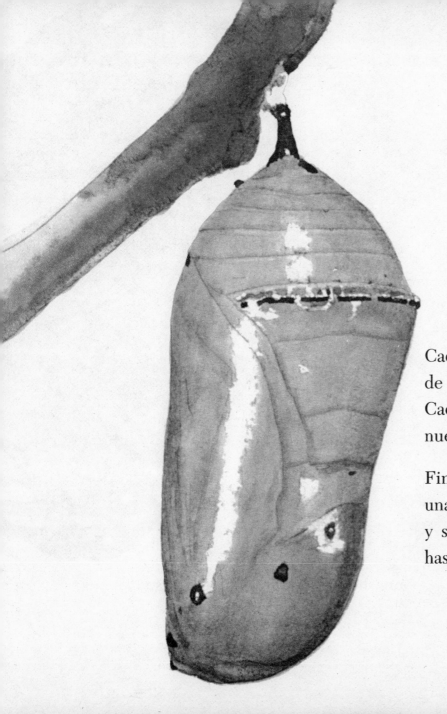

Cada vez, se desliza fuera
de su vieja piel abierta.
Cada vez, tiene una piel
nueva y más fuerte debajo.

Finalmente se cubre con
una funda dura
y se toma un largo descanso,
hasta que lentamente se transforma en...

una hermosa mariposa con alas.

Las anguilas bebés se ven tan diferentes de sus
padres, que por un largo tiempo nadie sabe de quién
son esos bebés. Son finitas como hojas y puedes
ver a través de sus cuerpos.
Después de un año se ponen delgadas, largas y redondas.

Lentamente se transforman en
resbaladizas y oscuras anguilas adultas,
como éstas.

Cuando los bebés cangrejos salen del cascarón en
el agua, son del tamaño de pequeñas miguitas. Si las
miras a través del microscopio, verás que no se parecen
en nada a sus papás cangrejos. Les siguen creciendo
nuevas cáscaras y salen gateando fuera de las viejas.
Cada vez que salen se ven un poquito diferentes.

Después de un mes ya parecen cangrejos pero todavía
son muy pequeñitos.
Son sólo así de grandes ▬.

Los pequeños cangrejos se pondrán más y más grandes, y seguirán cubriéndose con cascarones nuevos y gateando fuera de los viejos muchas, muchas veces. Después de un año, se convertirán en cangrejos adultos.

Estas pequeñas aves tardan un tiempo en parecerse a sus padres.

¡Mira cómo nadan en el agua!

¿Puedes adivinar en qué se convertirán?

En graciosos cisnes blancos.

Cuando este bebé era muy pequeñito, tenía piel rosada y muy poco pelo.
Pesaba sólo una libra y no era más grande
que un cachorro recién nacido. Ahora es mucho más grande.
Y algún día llegará a pesar 400 libras.
¿Qué animal será?

Un enorme oso.

Aquí tienes otro bebé.
Este bebé no se convertirá en un oso, ni en un cangrejo,
ni en una mariposa.
Este bebé llegará a ser
un niño o una niña como tú.

El mundo está lleno de bebés que crecen.

Algunos comienzan su vida pareciéndose a sus padres.

Algunos bebés no se parecen a sus padres para nada.
Pero parezcan lo que parezcan cuando son bebés,
serán la misma clase de animales que sus padres.

Una gaviota bebé jamás se convertirá en un pingüino.
Será una gaviota adulta.

Un monito bebé será siempre un mono cuando crezca,
pero nunca un caballo.

Cada ser viviente en el mundo produce
seres de su propia clase. Este es el caso de los peces,
los insectos, las aves y toda clase de animal.

Esto es lo que sucede
con todo lo que crece sobre la Tierra.